ESQUEMAS DE PLANES DE CLASE COMPLETOS

Alfred J. Liotta, Ed.D., M.S.W. *Exdirector Bronx, Nueva York Stamford, Connecticut*

Docente titular de la Universidad Mercy de Nueva York

Segunda Edición

STUDIO OF BOOKS
THE SPACE FOR YOUR MESSAGE

Studio of Books LLC

5900 Balcones Drive Suite 100

Austin, Texas 78731

www.studioofbooks.org

Hotline: (254) 800-1183

Ordering Information:

Special discounts are available on quantity purchases by corporations, associations, and others. For details, contact the publisher at the address above.

Printed in the United States of America.

ISBN-13: Softcover   978-1-968491-95-6
           eBook   978-1-968491-96-3

Library of Congress Control Number: to be followed

Esta segunda edición de

ESQUEMAS DE PLANES DE CLASE COMPLETOS

Está Dedicado a

Lorraine V. Aponte

Anita C. Liotta

**Y a la legión de profesores
comprometidos que han dedicado
su vida a preparar a nuestros
jóvenes para que sean miembros
productivos de la sociedad.**

ÍNDICE

ACERCA DEL AUTOR

Alfred J. Liotta, Ed.D., M.S.W., El autor de Cuando los estudiantes están de duelo: Guía para el duelo en las escuelas, 1.ª y 2.ª ediciones, ha trabajado en la educación pública de la ciudad de Nueva York durante 32 años y ha escrito numerosos manuales y planes de estudio, además de publicar varios artículos. Es consejero pastoral certificado en duelo y facilitador parroquial y de programas en la Arquidiócesis de Nueva York. También está certificado como consejero de duelo y *Compañero de Tanatología* por la Asociación Internacional de Educación y Asesoramiento sobre la Muerte.

El Dr. Liotta completó su doctorado en Educación y su maestría en Trabajo Social en la Universidad de Fordham, y comenzó a combinar su experiencia educativa y sus habilidades de asesoramiento como tanatólogo clínico y consejero familiar. Es *Consejero de Salud Mental Certificado* por el estado de Nueva York y *Trabajador Social Certificado* por el estado de Nueva York. También posee un certificado en Asesoramiento para Adolescentes - «Programa Passages».

Anteriormente administrador escolar en ejercicio, continúa ejerciendo como compasivo consejero para el duelo y es coordinador de diversas actividades

2

relacionadas con el duelo. También es consejero pastoral para el duelo en varias iglesias de la zona de Nueva York.

El Dr. Liotta escribe y da conferencias con frecuencia. Entre sus eventos más destacados, fue profesor invitado en el Trinity College de Dublín, Irlanda, así como en el Bellevue Hospital de Nueva York, conocido a nivel nacional.

En junio de 2013, el Dr. Liotta fue «invitado a volver a casa» a la Universidad Estatal de Nueva York en Oneonta, su alma máter, como parte de la serie de conferencias de alumnos distinguidos, para ofrecer una presentación sobre su libro y el curso que ha desarrollado recientemente sobre asesoramiento en duelo. El Dr. Liotta tiene una consulta de asesoramiento para el duelo en White Plains, Nueva York, y figura en las listas «Quién es quién en el Este» y «Quién es quién en la educación».

El 6 de diciembre de 2019, el Dr. Liotta fue incluido en el *Salón de la Fama de las Personas Mayores del Condado de Westchester*, en Nueva York, por su trayectoria de servicio comunitario a los demás a lo largo de su vida.

Nacido en Brooklyn, Nueva York, el Dr. Liotta es un experimentado educador, consejero y escritor..

Prefacio:

ESQUEMAS DE PLANES DE CLASE COMPLETOS

La clave para una experiencia productiva en el aula es, por supuesto, un plan de lecciones preparado con cuidado y habilidad. Esto no es casualidad. Se necesita tiempo y habilidad para elaborar una buena «hoja de ruta» que permita impartir una lección viable.

A lo largo de sus cincuenta años de experiencia docente, el autor ha visto aparecer y desaparecer diversos «modelos». Algunos con una terminología impresionante e intimidante. Sin embargo, ninguno ha tenido más éxito que los principios básicos que se describen en esta presentación. Por lo tanto, se deduce que una planificación sencilla, inteligente y hábil es la clave del éxito en el aula. Puede que no se sea dinámico en todo momento, pero sin duda se puede estar bien preparado en todo momento.

Esquemas de Planes de Clase Completos se diseñó y redactó con ese fin en mente. Cada lección proporciona los elementos necesarios para el éxito en la enseñanza.

Disfrute del contenido mientras ejerce su oficio con confianza y éxito.

Alfred J. Liotta, Ed.D., M.S.W.

Planificación de la Clase

AL DOCENTE PRINCIPIANTE

En su preparación como docentes, se le ha enseñado que un plan de lecciones bien preparado y ejecutado es la base del proceso de aprendizaje. Es la guía o «hoja de ruta» para la enseñanza.

Cada esquema de plan de lecciones que se presenta en este manual contiene los elementos más destacados que componen una lección equilibrada y viable. Se resaltan aquí para su comodidad.

HACER AHORA

El "Hacer ahora" es una actividad de escritura breve y claramente presentada para los alumnos. Puede contener material de refuerzo (repaso) o material diseñado para introducir el nuevo tema que se va a presentar. Es una actividad corta y debe revisarse y corregirse rápidamente.

OBJETIVO DIDÁCTICO

El objetivo didáctico, también conocido como objetivo de rendimiento del alumno, es una declaración cuidadosamente redactada que expresa claramente el resultado didáctico previsto. El objetivo no es un proceso ni un procedimiento, sino más bien una expresión de los resultados previstos en términos de rendimiento del estudiante. Debe ser claro, preciso y medible. Las aplicaciones utilizadas en su lección deben poder determinar (medir) en qué medida el estudiante ha alcanzado el resultado previsto.

Algunos ejemplos de *Objetivos Didácticos* son:

Los estudiantes utilizarán correctamente las nuevas palabras de vocabulario en oraciones completas.

o

Los alumnos serán capaces de sumar fracciones con denominadores iguales.

o

Los estudiantes serán capaces de decir correctamente la hora en español.

MOTIVACIÓN   La motivación es un recurso breve y sencillo para desafiar al alumno, despertar su interés y provocar su reflexión. Puede adoptar la forma de una pregunta, una afirmación o una anécdota, y debe estar directamente relacionada con el tema que se va a presentar. Lo mejor es personalizar la motivación y relacionarla con los intereses y habilidades generales de los alumnos. Al utilizar una base aperceptiva, es decir, al utilizar el material aprendido anteriormente como punto de partida para el nuevo aprendizaje, la motivación puede guiar eficazmente la lección a medida que avanza por las fases, desde el desarrollo hasta el *Resumen Final*. Es realmente la «plataforma de lanzamiento» de la lección.

ESTRATEGIAS   *Procedimientos para los profesores/Actividades para los alumnos* - Esta fase de la lección se compone de los siguientes tres componentes: desarrollo (presentación), resumen intermedio y comprensión. El desarrollo proporciona el movimiento lógico y secuencial que lleva la lección desde el objetivo hasta la comprensión. El formato debe reflejar el objetivo didáctico y debe consistir en trabajo en la pizarra, trabajo oral y actividades de lectura y escritura.

También se pueden utilizar ayudas audiovisuales, juegos de rol, ejercicios de patrones y diálogos. Se debe tener mucho cuidado en ajustar correctamente el tiempo y el ritmo de la presentación. Una parte indispensable de la lección es un *Resumen Intermedio* estratégicamente situado. Su propósito es aclarar las dificultades y consolidar los conceptos enseñados. El material aprendido se hace funcional.

El componente final del *Desarrollo* es la *Comprensión*. El ejercicio de *Comprensión* es una actividad de evaluación. Ofrece al estudiante la oportunidad de utilizar activamente lo aprendido en clase. El trabajo en la pizarra es una parte esencial de este componente y puede consistir en ejercicios del libro de texto o preparados por el maestro. Los ejercicios deben corregirse rápidamente con la clase y las dificultades deben resolverse de inmediato.

RESUMEN En realidad, hay dos tipos de resúmenes en una lección bien planificada: el *Resumen Intermedio*

9

(mencionado anteriormente) y el *Resumen Final*. El *Resumen Final* es muy importante porque aclara los conceptos enseñados y es un indicador del grado en que se ha alcanzado el objetivo didáctico. Es importante señalar que, si bien los resúmenes tienen un propósito y un lugar bien definidos en el formato de la lección, las preguntas deben ser bienvenidas y aceptadas a lo largo de toda la lección.

APLICACIÓN El componente de aplicación de la lección ofrece al estudiante la oportunidad de utilizar el nuevo material que se ha presentado. Su objetivo es proporcionar práctica y permitir a los estudiantes alcanzar un nivel de dominio mientras aplican sus habilidades recién adquiridas a situaciones actuales y realistas. Aunque la aplicación puede variar según la materia, la función es muy clara: ¡la práctica hace al maestro!

TAREA La *Tarea* es una parte esencial de cada lección. Sirve para reforzar el material recién presentado. Las tareas deben ser actividades escritas, claramente definidas y funcionales. La *Tarea* puede asignarse al comienzo de la clase o puede surgir como una consecuencia natural de la lección, presentada en un momento lógico y apropiado. Debe presentarse a un nivel acorde con las capacidades de los alumnos y debe revisarse a diario. La *Tarea* debe explicarse al principio de la lección y el maestro debe anticipar y eliminar las dificultades para garantizar una actividad de refuerzo clara y estimulante. Los maestros pueden personalizar la tarea atendiendo a las necesidades e intereses individuales. El componente de la tarea es una de las partes más importantes de una lección bien planificada.

Redacción del plan

CLASE	PROFESOR	FECHA:

HACER AHORA	TEXTO	
	PG(S)	EX.

TAREA	TEXTO	
	PG(S)	EX.

Procedimientos en el Aula:

Pizarrones: Asistencia: Retardos: Ventanas: Etc.

Explicar la *TAREA*: Revisar *HACER AHORA* y *TAREA* con prontitud.

OBJETIVO DIDÁCTICO

MOTIVACIÓN

ESTRATEGIAS - PROCEDIMIENTOS DEL MAESTRO - ACTIVIDADES DE LOS ESTUDIANTES:

ESTRATEGIAS

RESUMEN

EXPLICACIÓN DE LA TAREA
APLICACIÓN (ES)

MISC.

REGISTRO - ASISTENCIA -

CLASE	PROFESOR	FECHA:

HACER AHORA		TEXTO	
		PG(S)	EX.
TAREA		TEXTO	
		PG(S)	EX.

Procedimientos en el Aula:

Pizarrones: Asistencia: Retardos: Ventanas: Etc.

Explicar la *TAREA*: Revisar *HACER AHORA* y *TAREA* con prontitud.

OBJETIVO DIDÁCTICO
MOTIVACIÓN
ESTRATEGIAS - PROCEDIMIENTOS DEL MAESTRO - ACTIVIDADES DE LOS ESTUDIANTES:

ESTRATEGIAS

RESUMEN

EXPLICACIÓN DE LA TAREA

APLICACIÓN (ES)

MISC.

REGISTRO - ASISTENCIA -

CLASE	PROFESOR	FECHA:

HACER AHORA	TEXTO	
	PG(S)	EX.

TAREA	TEXTO	
	PG(S)	EX.

Procedimientos en el Aula:

Pizarrones: Asistencia: Retardos: Ventanas: Etc.

Explicar la *TAREA*: Revisar *HACER AHORA* y *TAREA* con prontitud.

OBJETIVO DIDÁCTICO

MOTIVACIÓN

ESTRATEGIAS - PROCEDIMIENTOS DEL MAESTRO - ACTIVIDADES DE LOS ESTUDIANTES:

ESTRATEGIAS

RESUMEN

EXPLICACIÓN DE LA TAREA

APLICACIÓN (ES)

MISC.

REGISTRO - ASISTENCIA -

CLASE	PROFESOR	FECHA:

HACER AHORA	TEXTO	
	PG(S)	EX.
TAREA	TEXTO	
	PG(S)	EX.

Procedimientos en el Aula:

Pizarrones: Asistencia: Retardos: Ventanas: Etc.

Explicar la *TAREA*: Revisar *HACER AHORA* y *TAREA* con prontitud.

OBJETIVO DIDÁCTICO
MOTIVACIÓN
ESTRATEGIAS - PROCEDIMIENTOS DEL MAESTRO - ACTIVIDADES DE LOS ESTUDIANTES:

ESTRATEGIAS

RESUMEN

EXPLICACIÓN DE LA TAREA

APLICACIÓN (ES)

MISC.

REGISTRO - ASISTENCIA -

CLASE	PROFESOR	FECHA:

HACER AHORA	TEXTO	
	PG(S)	EX.
TAREA	TEXTO	
	PG(S)	EX.

Procedimientos en el Aula:

Pizarrones: Asistencia: Retardos: Ventanas: Etc.

Explicar la *TAREA*: Revisar *HACER AHORA* y *TAREA* con prontitud.

OBJETIVO DIDÁCTICO
MOTIVACIÓN
ESTRATEGIAS - PROCEDIMIENTOS DEL MAESTRO - ACTIVIDADES DE LOS ESTUDIANTES:

ESTRATEGIAS

RESUMEN

EXPLICACIÓN DE LA TAREA

APLICACIÓN (ES)

MISC.

REGISTRO - ASISTENCIA -

CLASE	PROFESOR	FECHA:

HACER AHORA	TEXTO	
	PG(S)	EX.
TAREA	TEXTO	
	PG(S)	EX.

Procedimientos en el Aula:

Pizarrones: Asistencia: Retardos: Ventanas: Etc.

Explicar la *TAREA*: Revisar *HACER AHORA* y *TAREA* con prontitud.

OBJETIVO DIDÁCTICO
MOTIVACIÓN
ESTRATEGIAS - PROCEDIMIENTOS DEL MAESTRO - ACTIVIDADES DE LOS ESTUDIANTES:

ESTRATEGIAS

RESUMEN

EXPLICACIÓN DE LA TAREA
APLICACIÓN (ES)

MISC.

REGISTRO - ASISTENCIA -

CLASE	PROFESOR	FECHA:

HACER AHORA	TEXTO	
	PG(S)	EX.

TAREA	TEXTO	
	PG(S)	EX.

Procedimientos en el Aula:

Pizarrones: Asistencia: Retardos: Ventanas: Etc.

Explicar la *TAREA*: Revisar *HACER AHORA* y *TAREA* con prontitud.

OBJETIVO DIDÁCTICO
MOTIVACIÓN
ESTRATEGIAS - PROCEDIMIENTOS DEL MAESTRO - ACTIVIDADES DE LOS ESTUDIANTES:

ESTRATEGIAS

RESUMEN

EXPLICACIÓN DE LA TAREA

APLICACIÓN (ES)

MISC.

REGISTRO - ASISTENCIA -

CLASE	PROFESOR	FECHA:

HACER AHORA	TEXTO	
	PG(S)	EX.
TAREA	TEXTO	
	PG(S)	EX.

Procedimientos en el Aula:

Pizarrones: Asistencia: Retardos: Ventanas: Etc.

Explicar la *TAREA*: Revisar *HACER AHORA* y *TAREA* con prontitud.

OBJETIVO DIDÁCTICO

MOTIVACIÓN

ESTRATEGIAS - PROCEDIMIENTOS DEL MAESTRO - ACTIVIDADES DE LOS ESTUDIANTES:

ESTRATEGIAS

RESUMEN

EXPLICACIÓN DE LA TAREA
APLICACIÓN (ES)

MISC.

REGISTRO - ASISTENCIA -

CLASE	PROFESOR	FECHA:

HACER AHORA		TEXTO	
		PG(S)	EX.
TAREA		TEXTO	
		PG(S)	EX.

Procedimientos en el Aula:

Pizarrones: Asistencia: Retardos: Ventanas: Etc.

Explicar la *TAREA*: Revisar *HACER AHORA* y *TAREA* con prontitud.

OBJETIVO DIDÁCTICO
MOTIVACIÓN
ESTRATEGIAS - PROCEDIMIENTOS DEL MAESTRO - ACTIVIDADES DE LOS ESTUDIANTES:

ESTRATEGIAS

RESUMEN

EXPLICACIÓN DE LA TAREA

APLICACIÓN (ES)

MISC.

REGISTRO - ASISTENCIA -

CLASE	PROFESOR	FECHA:

HACER AHORA	TEXTO	
	PG(S)	EX.

TAREA	TEXTO	
	PG(S)	EX.

Procedimientos en el Aula:

Pizarrones: Asistencia: Retardos: Ventanas: Etc.

Explicar la *TAREA*: Revisar *HACER AHORA* y *TAREA* con prontitud.

OBJETIVO DIDÁCTICO
MOTIVACIÓN
ESTRATEGIAS - PROCEDIMIENTOS DEL MAESTRO - ACTIVIDADES DE LOS ESTUDIANTES:

ESTRATEGIAS

RESUMEN

EXPLICACIÓN DE LA TAREA

APLICACIÓN (ES)

MISC.

REGISTRO - ASISTENCIA -

CLASE	PROFESOR	FECHA:

HACER AHORA	TEXTO	
	PG(S)	EX.
TAREA	TEXTO	
	PG(S)	EX.

Procedimientos en el Aula:

Pizarrones: Asistencia: Retardos: Ventanas: Etc.

Explicar la *TAREA*: Revisar *HACER AHORA* y *TAREA* con prontitud.

OBJETIVO DIDÁCTICO
MOTIVACIÓN
ESTRATEGIAS - PROCEDIMIENTOS DEL MAESTRO - ACTIVIDADES DE LOS ESTUDIANTES:

ESTRATEGIAS

RESUMEN

EXPLICACIÓN DE LA TAREA

APLICACIÓN (ES)

MISC.

REGISTRO - ASISTENCIA -

CLASE	PROFESOR	FECHA:

HACER AHORA	TEXTO	
	PG(S)	EX.
TAREA	TEXTO	
	PG(S)	EX.

Procedimientos en el Aula:

Pizarrones: Asistencia: Retardos: Ventanas: Etc.

Explicar la *TAREA*: Revisar *HACER AHORA* y *TAREA* con prontitud.

OBJETIVO DIDÁCTICO
MOTIVACIÓN
ESTRATEGIAS - PROCEDIMIENTOS DEL MAESTRO - ACTIVIDADES DE LOS ESTUDIANTES:

ESTRATEGIAS

RESUMEN

EXPLICACIÓN DE LA TAREA

APLICACIÓN (ES)

MISC.

REGISTRO - ASISTENCIA -

CLASE	PROFESOR	FECHA:

HACER AHORA	TEXTO	
	PG(S)	EX.

TAREA	TEXTO	
	PG(S)	EX.

Procedimientos en el Aula:

Pizarrones: Asistencia: Retardos: Ventanas: Etc.

Explicar la *TAREA*: Revisar *HACER AHORA* y *TAREA* con prontitud.

OBJETIVO DIDÁCTICO

MOTIVACIÓN

ESTRATEGIAS - PROCEDIMIENTOS DEL MAESTRO - ACTIVIDADES DE LOS ESTUDIANTES:

ESTRATEGIAS

RESUMEN

EXPLICACIÓN DE LA TAREA
APLICACIÓN (ES)

MISC.

REGISTRO - ASISTENCIA -

CLASE	PROFESOR	FECHA:

HACER AHORA		TEXTO	
		PG(S)	EX.
TAREA		TEXTO	
		PG(S)	EX.

Procedimientos en el Aula:

Pizarrones: Asistencia: Retardos: Ventanas: Etc.

Explicar la *TAREA*: Revisar *HACER AHORA* y *TAREA* con prontitud.

OBJETIVO DIDÁCTICO
MOTIVACIÓN
ESTRATEGIAS - PROCEDIMIENTOS DEL MAESTRO - ACTIVIDADES DE LOS ESTUDIANTES:

ESTRATEGIAS

RESUMEN

EXPLICACIÓN DE LA TAREA
APLICACIÓN (ES)

MISC.

REGISTRO - ASISTENCIA -

CLASE	PROFESOR	FECHA:

HACER AHORA	TEXTO	
	PG(S)	EX.

TAREA	TEXTO	
	PG(S)	EX.

Procedimientos en el Aula:

Pizarrones: Asistencia: Retardos: Ventanas: Etc.

Explicar la *TAREA*: Revisar *HACER AHORA* y *TAREA* con prontitud.

OBJETIVO DIDÁCTICO

MOTIVACIÓN

ESTRATEGIAS - PROCEDIMIENTOS DEL MAESTRO - ACTIVIDADES DE LOS ESTUDIANTES:

ESTRATEGIAS

RESUMEN

EXPLICACIÓN DE LA TAREA

APLICACIÓN (ES)

MISC.

REGISTRO - ASISTENCIA -

CLASE	PROFESOR	FECHA:

HACER AHORA		TEXTO	
		PG(S)	EX.
TAREA		TEXTO	
		PG(S)	EX.

Procedimientos en el Aula:

Pizarrones: Asistencia: Retardos: Ventanas: Etc.

Explicar la *TAREA*: Revisar *HACER AHORA* y *TAREA* con prontitud.

OBJETIVO DIDÁCTICO
MOTIVACIÓN
ESTRATEGIAS - PROCEDIMIENTOS DEL MAESTRO - ACTIVIDADES DE LOS ESTUDIANTES:

ESTRATEGIAS

RESUMEN

EXPLICACIÓN DE LA TAREA

APLICACIÓN (ES)

MISC.

REGISTRO - ASISTENCIA -

CLASE	PROFESOR	FECHA:

HACER AHORA	TEXTO	
	PG(S)	EX.

TAREA	TEXTO	
	PG(S)	EX.

Procedimientos en el Aula:

Pizarrones: Asistencia: Retardos: Ventanas: Etc.

Explicar la *TAREA*: Revisar *HACER AHORA* y *TAREA* con prontitud.

OBJETIVO DIDÁCTICO
MOTIVACIÓN
ESTRATEGIAS - PROCEDIMIENTOS DEL MAESTRO - ACTIVIDADES DE LOS ESTUDIANTES:

ESTRATEGIAS

RESUMEN

EXPLICACIÓN DE LA TAREA
APLICACIÓN (ES)

MISC.

REGISTRO - ASISTENCIA -

CLASE	PROFESOR	FECHA:

HACER AHORA	TEXTO	
	PG(S)	EX.
TAREA	TEXTO	
	PG(S)	EX.

Procedimientos en el Aula:

Pizarrones: Asistencia: Retardos: Ventanas: Etc.

Explicar la *TAREA*: Revisar *HACER AHORA* y *TAREA* con prontitud.

OBJETIVO DIDÁCTICO
MOTIVACIÓN
ESTRATEGIAS - PROCEDIMIENTOS DEL MAESTRO - ACTIVIDADES DE LOS ESTUDIANTES:

ESTRATEGIAS

RESUMEN

EXPLICACIÓN DE LA TAREA

APLICACIÓN (ES)

MISC.

REGISTRO - ASISTENCIA -

CLASE	PROFESOR	FECHA:

HACER AHORA	TEXTO	
	PG(S)	EX.
TAREA	TEXTO	
	PG(S)	EX.

Procedimientos en el Aula:

Pizarrones: Asistencia: Retardos: Ventanas: Etc.

Explicar la *TAREA*: Revisar *HACER AHORA* y *TAREA* con prontitud.

OBJETIVO DIDÁCTICO
MOTIVACIÓN
ESTRATEGIAS - PROCEDIMIENTOS DEL MAESTRO - ACTIVIDADES DE LOS ESTUDIANTES:

ESTRATEGIAS

RESUMEN

EXPLICACIÓN DE LA TAREA
APLICACIÓN (ES)

MISC.

REGISTRO - ASISTENCIA -

CLASE	PROFESOR	FECHA:

HACER AHORA	TEXTO	
	PG(S)	EX.

TAREA	TEXTO	
	PG(S)	EX.

Procedimientos en el Aula:

Pizarrones: Asistencia: Retardos: Ventanas: Etc.

Explicar la *TAREA*: Revisar *HACER AHORA* y *TAREA* con prontitud.

OBJETIVO DIDÁCTICO

MOTIVACIÓN

ESTRATEGIAS - PROCEDIMIENTOS DEL MAESTRO - ACTIVIDADES DE LOS ESTUDIANTES:

ESTRATEGIAS

RESUMEN

EXPLICACIÓN DE LA TAREA
APLICACIÓN (ES)

MISC.

REGISTRO - ASISTENCIA -

CLASE	PROFESOR	FECHA:

HACER AHORA	TEXTO	
	PG(S)	EX.

TAREA	TEXTO	
	PG(S)	EX.

Procedimientos en el Aula:

Pizarrones: Asistencia: Retardos: Ventanas: Etc.

Explicar la *TAREA*: Revisar *HACER AHORA* y *TAREA* con prontitud.

OBJETIVO DIDÁCTICO

MOTIVACIÓN

ESTRATEGIAS - PROCEDIMIENTOS DEL MAESTRO - ACTIVIDADES DE LOS ESTUDIANTES:

ESTRATEGIAS

RESUMEN

EXPLICACIÓN DE LA TAREA

APLICACIÓN (ES)

MISC.

REGISTRO - ASISTENCIA -

CLASE	PROFESOR	FECHA:

HACER AHORA	TEXTO	
	PG(S)	EX.
TAREA	TEXTO	
	PG(S)	EX.

Procedimientos en el Aula:

Pizarrones: Asistencia: Retardos: Ventanas: Etc.

Explicar la *TAREA*: Revisar *HACER AHORA* y *TAREA* con prontitud.

OBJETIVO DIDÁCTICO
MOTIVACIÓN
ESTRATEGIAS - PROCEDIMIENTOS DEL MAESTRO - ACTIVIDADES DE LOS ESTUDIANTES:

ESTRATEGIAS

RESUMEN

EXPLICACIÓN DE LA TAREA

APLICACIÓN (ES)

MISC.

REGISTRO - ASISTENCIA -

CLASE	PROFESOR	FECHA:

HACER AHORA	TEXTO	
	PG(S)	EX.

TAREA	TEXTO	
	PG(S)	EX.

Procedimientos en el Aula:

Pizarrones: Asistencia: Retardos: Ventanas: Etc.

Explicar la *TAREA*: Revisar *HACER AHORA* y *TAREA* con prontitud.

OBJETIVO DIDÁCTICO

MOTIVACIÓN

ESTRATEGIAS - PROCEDIMIENTOS DEL MAESTRO - ACTIVIDADES DE LOS ESTUDIANTES:

ESTRATEGIAS

RESUMEN

EXPLICACIÓN DE LA TAREA

APLICACIÓN (ES)

MISC.

REGISTRO - ASISTENCIA -

CLASE	PROFESOR	FECHA:

HACER AHORA		TEXTO	
		PG(S)	EX.
TAREA		TEXTO	
		PG(S)	EX.

Procedimientos en el Aula:

Pizarrones: Asistencia: Retardos: Ventanas: Etc.

Explicar la *TAREA*: Revisar *HACER AHORA* y *TAREA* con prontitud.

OBJETIVO DIDÁCTICO
MOTIVACIÓN
ESTRATEGIAS - PROCEDIMIENTOS DEL MAESTRO - ACTIVIDADES DE LOS ESTUDIANTES:

ESTRATEGIAS

RESUMEN

EXPLICACIÓN DE LA TAREA

APLICACIÓN (ES)

MISC.

REGISTRO - ASISTENCIA -

CLASE	PROFESOR	FECHA:

HACER AHORA	TEXTO	
	PG(S)	EX.

TAREA	TEXTO	
	PG(S)	EX.

Procedimientos en el Aula:

Pizarrones: Asistencia: Retardos: Ventanas: Etc.

Explicar la *TAREA*: Revisar *HACER AHORA* y *TAREA* con prontitud.

OBJETIVO DIDÁCTICO

MOTIVACIÓN

ESTRATEGIAS - PROCEDIMIENTOS DEL MAESTRO - ACTIVIDADES DE LOS ESTUDIANTES:

ESTRATEGIAS

RESUMEN

EXPLICACIÓN DE LA TAREA

APLICACIÓN (ES)

MISC.

REGISTRO - ASISTENCIA -

CLASE	PROFESOR	FECHA:

HACER AHORA	TEXTO	
	PG(S)	EX.
TAREA	TEXTO	
	PG(S)	EX.

Procedimientos en el Aula:

Pizarrones: Asistencia: Retardos: Ventanas: Etc.

Explicar la *TAREA*: Revisar *HACER AHORA* y *TAREA* con prontitud.

OBJETIVO DIDÁCTICO
MOTIVACIÓN
ESTRATEGIAS - PROCEDIMIENTOS DEL MAESTRO - ACTIVIDADES DE LOS ESTUDIANTES:

ESTRATEGIAS

RESUMEN

EXPLICACIÓN DE LA TAREA

APLICACIÓN (ES)

MISC.

REGISTRO - ASISTENCIA -

CLASE	PROFESOR	FECHA:

HACER AHORA	TEXTO	
	PG(S)	EX.
TAREA	TEXTO	
	PG(S)	EX.

Procedimientos en el Aula:

Pizarrones: Asistencia: Retardos: Ventanas: Etc.

Explicar la *TAREA*: Revisar *HACER AHORA* y *TAREA* con prontitud.

OBJETIVO DIDÁCTICO

MOTIVACIÓN

ESTRATEGIAS - PROCEDIMIENTOS DEL MAESTRO - ACTIVIDADES DE
LOS ESTUDIANTES:

ESTRATEGIAS

RESUMEN

EXPLICACIÓN DE LA TAREA
APLICACIÓN (ES)

MISC.

REGISTRO - ASISTENCIA -

CLASE	PROFESOR	FECHA:

HACER AHORA		TEXTO	
		PG(S)	EX.
TAREA		TEXTO	
		PG(S)	EX.

Procedimientos en el Aula:

Pizarrones: Asistencia: Retardos: Ventanas: Etc.

Explicar la *TAREA*: Revisar *HACER AHORA* y *TAREA* con prontitud.

OBJETIVO DIDÁCTICO
MOTIVACIÓN
ESTRATEGIAS - PROCEDIMIENTOS DEL MAESTRO - ACTIVIDADES DE LOS ESTUDIANTES:

ESTRATEGIAS

RESUMEN

EXPLICACIÓN DE LA TAREA

APLICACIÓN (ES)

MISC.

REGISTRO - ASISTENCIA -

CLASE	PROFESOR	FECHA:

HACER AHORA	TEXTO	
	PG(S)	EX.
TAREA	TEXTO	
	PG(S)	EX.

Procedimientos en el Aula:

Pizarrones: Asistencia: Retardos: Ventanas: Etc.

Explicar la *TAREA*: Revisar *HACER AHORA* y *TAREA* con prontitud.

OBJETIVO DIDÁCTICO

MOTIVACIÓN

ESTRATEGIAS - PROCEDIMIENTOS DEL MAESTRO - ACTIVIDADES DE LOS ESTUDIANTES:

ESTRATEGIAS

RESUMEN

EXPLICACIÓN DE LA TAREA

APLICACIÓN (ES)

MISC.

REGISTRO - ASISTENCIA -

Planos de Distribución de Asientos en Clase

Plano de distribución de asientos

CLASE   PERIODO

CLASE   PERIODO

CLASE   PERIODO

CLASE   PERIODO

Plano de distribución de asientos

CLASE   PERIODO

CLASE   PERIODO

CLASE   PERIODO

CLASE   PERIODO

Plano de distribución de asientos

CLASE   PERIODO

CLASE   PERIODO

CLASE   PERIODO

CLASE   PERIODO

Plano de distribución de asientos

CLASE   PERIODO

CLASE   PERIODO

CLASE   PERIODO

CLASE   PERIODO

Mantenimiento de Registros de Clase

OTOÑO PRIMAVERA 20		1º Periodo Calificaciones				2º Periodo Calificaciones				3º Periodo Calificaciones				Prom Texto	Prom. Prueba	Examen Final	Calificación Final
CLASE	Salón																
Periodo	Registro																
Id No.	Nombre																

OTOÑO PRIMAVERA 20		1º Periodo Calificaciones				2º Periodo Calificaciones				3º Periodo Calificaciones				Prom Texto	Prom Prueba	Examen Final	Calificación Final
CLASE	Salón																
Periodo	Registro																
Id No.	Nombre																

DIRECTORIO ESCOLAR

Director	Teléfono	
Asistente del Director	Teléfono	
Off. Dept.	Teléfono	
Oficina del Decano	Teléfono	
Biblioteca	Teléfono	
Cafetería	Teléfono	
Gimnasio	Teléfono	
Enfermería	Teléfono	
Almacén	Teléfono	
Baños	Teléfono	
Oficina de Seguridad	Teléfono	
Incendio	Teléfono	
----------------------	Teléfono	
----------------------	Teléfono	
----------------------	Teléfono	
----------------------	Teléfono